# TÜRK MÂNİLERİNDEN SEÇMELER

Hazırlayan
Mehmet Demirkaya

Bandrol uygulamasına ilişkin usul ve esaslar hakkındaki yönetmeliğin 5. maddesinin 2. fıkrası çerçevesinde bandrol taşıması zorunlu değildir.

SİS YAYINCILIK

# SİS YAYINCILIK - 104

## TÜRK MÂNİLERİ

**Yayıncı ve Genel Yayın Yönetmeni:** Zana HOCAOĞLU
**Yayın Koordinatörü:** Mehmet DEMİRKAYA
**Redaksiyon:** Mübeccel KARABAT
**Tasarım:** Özgür YURTTAŞ

**Baskı:** Barış Matbaası
Davutpaşa Cad. Güven San. Sit. C Blok No: 291
Topkapı - İSTANBUL
Tel: (0212) 674 85 28 - Faks: (0212) 674 85 29

**Sertifika No:** 12431
**ISBN 978-605-5768-03-4**

**1. Baskı:** Şubat 2010

## SİS YAYINCILIK

**Merkez:** İSTOÇ 35. Ada No:29
Mahmutbey - İstanbul
**Şube:** Yerebatan Cd. Salkımsöğüt Sk.
Keskinler İş Merkezi
No:8/304 Cağaloğlu/İstanbul
Tel: (212) 511 95 69 - 70
Fax: (212) 511 95 97

www.sisyayincilik.com
**e-mail:** info@sisyayincilik.com

# TÜRK MÂNİLERİNDEN SEÇMELER

Hazırlayan
Mehmet Demirkaya

SİS YAYINCILIK

Kümbüle bak kümbüle
Hiç teveği yok bile
Askerin karısına
Kirli yazma çok bile

        Koyunum arap gibi
        Üzümüm şarap gibi
        Güzeli olmayan evin
        Hâlleri harap gibi

Yüreğim eritirsin
Kanımı kurutursun
Madem sevmezsin beni
Ya neden kırıtırsın

        Bağa gel küçük hanım
        Sana kaynadı canım
        Mâh cemalin görende
        Sağalır hasta canım

Evleri kantaralı
Sen ak giy ben karalı
Mahallene sağ geldim
Nasıl gidem yaralı

Karanfil biter oldu
Ayrılık beter oldu
Mahallenin horozu
Geceler öter oldu

        Uzunsun sırık gibi
        Ekşisin koruk gibi
        Mahalle mahalle gezersin
        Yolunuk tavuk gibi

Karşıda koyun kuzu
Burna burna boynuzu
Mala tamah etmeyin
Dengine verin kızı

        Söze mâni katmalı
        Katmayana atmalı
        Mâni bilmeyen kızı
        Pazarlarda satmalı

Yaz gününde kar tatlı
Kış gününde nar tatlı
Karla nar şöyle dursun
Hepsinden de yâr tatlı

        Mum olur da yanmaz mı
        Yar sözüne kanmaz mı
        Ben yârimsiz ölürsem
        Arkamdan ağlamaz mı

Akköy güzeldir amma
Yolu çamur olmasa
Yakarım Akköy'ünü
İçinde yâr olmasa

Şu İznik'in yolları
Dönemedir döneme
Oğlan seni çeviririm
Yedi türlü vereme

      Çileli yâr çilesi
      Gezdir sen bahçeleri
      Ne müşkül sevda imiş
      Uyutmaz geceleri

Şu İznik yanmış derler
Bir ucu kalmış derler
Bizi çekemeyenler
Yâr senden caymış derler

      Masa üstünde kaymak
      Yalarım parmak parmak
      Çakırca'dan kız almak
      Cennetten gül koparmak

Kılıçözü zemzem akar
Bahçeler gül kokar
Kırşehir'den başkasına
Aklı olan nasıl bakar

      Atlayıp geçti eşiği
      Sofrada kaldı kaşığı
      Haneye neşe geldi
      Bu kız evin yakışığı

Köprünün altı çiçek
Orak getirin biçek
Şimdi bir moda çıkmış
Güzelller seçilecek

Karanfil kurutmadım
Yâr seni unutmadım
Hatırını saydım da
Üstüne yâr tutmadım

        Elimi yuduğum pınar
        Sırtımı verdiğim duvar
        Sevdiğim oğlanı yitirdim
        Gece gündüz içim yanar

Aslanım herk ediyor
Hergini terk ediyor
Hergin başını yesin
Aslanım elden gidiyor

        Çayda çanak kırılmış
        Kız, oğlana vurulmuş
        Oğlan almam dedikçe
        Kız boynuna sarılmış

Coştum coştum duruldum
Kız peşinden yoruldum
Gayri senden vazgeçtim
Ben ablana vuruldum

        Çıktım Obruk dağına
        Karı dizleyi dizleyi
        Yaralarımı azdırdım
        Yâri gözleyi gözleyi

Emek verip derdiğim
Askere gönderdiğim
Gayrı dayanamıyom
Tez gel gönül verdiğim

Patlıcanı oymadın mı
Tadına doymadın mı
Beni kınama anam
Sen cahil olmadın mı

   Ben bir gümüş kutuyum
   Yâr elinden tutayım
   Koyver devlet yârimi
   Otuz oruç tutayım

Sıra sıra tabaklar
İçi dolu kabaklar
Şimdi burdan geçecek
Görülmemiş yanaklar

   Alırım diye aldattı kızımı
   Çekip Alman'a gitmiş
   Can bağında tutulasıca
   Aynı babasına çekmiş

Yumurtanın sarısı
Yere düştü yarısı
Görümcem verem olmuş
Kaynanama darısı

   Çeşme başı pıtırak
   Gelin kızlar oturak
   Ne oturak ne durak
   Satılak da kurtulak

Kırşehir adın ünlüdür
Bağın bahçen güllüdür
Elden ayrıdır insanın
Tatlı dilinden bellidir

Almanya çiftlik gibi
Dumanı iplik gibi
Almanya'ya yâr saldım
Kınalı keklik gibi

        Yârim gitti gelmiyor
        Kimse kadrim bilmiyor
        Ayrıldığım günden beri
        Gözüm gönlüm gülmüyor

Irmaklar su akmıyor
Yâr yüzüme bakmıyor
Başka şehrin gülleri
Kırşehir gibi kokmuyor

        Kayığı vurdum suya
        Suya giderim suya
        Şimdi bir haber gelse
        Yârin geldi karşıya

Koyun keçi otlatırım
Yükseklerden atlatırım
Verselerdi benim yârimi
Düşmanları çatlatırdım

        Sepet sepet üzüm var
        Benim sende gözüm var
        Senden başkası haram
        Dünya ahret sözüm var

Uzun uzun kavaklar
At oynatır savaklar
Gel kız bizim eve gir
Varsın olsun duvaklar

Pek salınarak gidiyor
Kervansaray bayırı gibi
Yârim sakal koyurmuş
Dinekbağı çayırı gibi

      Bağa girdim üzüme
      Gel izime izime
      Oğlan yanıma geldi
      Gurban ettim yüzüme

Samanlık dolu saman
Amanın herif aman
Şimdi benim başımda
Ayaklı kara duman

      Dağda tavuk kümesi
      Başında allı fesi
      Oğlanlar vezir olsa
      Yine kızın kölesi

Karşı bağın üzümü
Gelin kırma sözümü
Utandım diyemiyom
Bir öpeyim yüzünü

      Yemenimin uçları
      Çıkamam yokuşları
      Selam edin yârime
      Yedi dağlar kuşları

Kasaturam çelikten
Nam almışım felekten
Türk askeri korkar mı
Vatan için ölmekten

Şu dağdan kuş uçmaz mı
Askerlik yakışmaz mı
Ağlamayın anneler
Ayrılan kavuşmaz mı

        Kazan kaynar taşmaz mı
        Gün gedikten aşmaz mı
        Sen kayırma sevgilim
        Ayrılan kavuşmaz mı

Tren gelir yan durur
Dumanını savurur
Sandıklı'nın oğlanları
Kaşları çatık durur

        Sandıklı ardı bayır
        Gülü dikenden ayır
        Bir şeftali versene
        Hem sevaptır, hem hayır

Sandıklı'nın çarşısı
Karacaören karşısı
Bülbül söyler gülüne
Gül dalında şarkısı

        Siyah saçı örmezler
        Seni bana vermezler
        Gel beladan kaçalım
        Kızılca'da görmezler

Gökte yıldız sayılmaz
İçmiş yârim ayılmaz
Kusura kızlarının
Cilvesine doyulmaz

Konduk çadır kuruldu
Sandıklı'da duruldu
Eller nazlım diyende
Benim boynum vuruldu

        İstasyon altı haşhaş
        Bağrımın gülü gardaş
        Acep o gün olmaz mı
        Kavuşsak bacı gardaş

Leblebi koydum tasa
Doldurdum basa basa
Sen pek güzelsin ama
Azıcık boyun kısa

        Kırmızı nar narlıyor
        Nar dişinde parlıyor
        Sandıklı'nın gençleri
        Yâr yâr diye ağlıyor

Kurumuş haşhaşın başı
Ne bakıyon şaşı şaşı
Sandıklı'nın gençleri
Bulunmaz Hint kumaşı

        Ne kanım var ne canım
        Yandı kolum kanadım
        Ölsem de ben ayrılmam
        Bekteş benim vatanım

Hüdai kayaları
Sandıklı mayaları
Gezmeden geliyor
Hessar'ın kadınları

Hisar tepeye bakar
Arasından çay akar
Akharım'ın kızları
Yaman bakar can yakar

    Sandıklı leblebisi
    Çay köyden gelir sesi
    Ayva gibi sararmış
    Mavi ceket mor fesi

Elbisesi beyazdan
Ben anlamam niyazdan
Şimdi başım dumanlı
Konuşuruz birazdan

    Hisarın ardı bostan
    Dillere oldum destan
    Kör olsun topal olsun
    Vazgeçen Sandıklı'dan

Dağ dayanmaz
Zannetme dağ da yanmaz
Sandıklım hasretine
Ben değil, dağ dayanmaz

    Bakır tasta üzüm var
    Yüreğimde sızım var
    Sandıklı Allah'a emanet
    İçinde yavuklum var

Sandıklı'nın taşları
Dökülür yaprakları
Hangi berberde kalmış
Yârin güzel saçları

Al bayrak allanıyor
Kumalar sallanıyor
Şu zamane kızları
Üç altına aldanıyor

        Sandıklı'nın çarşısına
        Gün doğar karşısına
        İnsan meyil mi verir
        Kapı bir komşusuna

Kepeneği dokudum
Elifbayı okudum
Gece girdin düşüme
Sandıklı'da yokudun

        Sandıklı'dan çay geçer
        Hafta geçer ay geçer
        Zannetme ki derdim yok
        Şu göğsümden vay geçer

Akdağ'ın aklığı
Altındadır otluğu
Bir gelin aldım
Yedi dağın kekliği

        Sandıklı çarşı pazar
        İçinden bir kız geçer
        Elinde kurşunkalem
        Katlime ferman yazar

Ilıca'ya varaydım
Kurttan kuştan soraydım
Gençlik gelip geçmeden
Seni bir kez saraydım

Sandıklı yolu düzdür
Yarelerim göz gözdür
Bana talip neylesin
Derdim bir değil yüzdür

        Sandıklı
        Çeyiz olur Sandıklı
        İlçeler içinde tek
        En güzeli Sandıklı

Entarisi gül gülü
Niçin kapın sürgülü
Benim gönül verdiğim
Sandıklı'nın sümbülü

        Dolmuş geliyor dolmuş
        Dolmuşun rengi solmuş
        Bak güzel Sandıklı'ya
        Ne güzel şehir olmuş

Karacaören yolunda
Kirazları dalında
Almaz isen sen beni
Çıban bitsin kolunda

        Kumalarda kar bıraktım
        Ela gözlü yâr bıraktım
        Kızılcada gülüm kaldı
        Bülbülleri zar bıraktım

Sandıklı'nın kuyuları
Çayır çimen kıyıları
Kızlarını beğendim
Vermem demiş dayıları

Ulu Camii direk ister
Söylemeye yürek ister
Benim karnım toktur emme
Arkadaşım börek ister

        Akdağ'da çalı çırpı
        Toplarım bir ki bir ki
        Nerede kalmış bizim
        Uzun kuyruklu tilki

Yüzümde çifte benler
Hayran oldu görenler
Bilmem nasıl vazgeçe
Sana gönül verenler

        Maşrapanın kalayı
        Kızlar çeker halayı
        Allah için söyleyin
        Var mı aşkın kolayı

Duvağı telli gelin
Gümüşten elli gelin
Buğulu gözlerinden
Sevdiğin belli gelin

        Yıldırım vurdu bizi
        Dal gibi kırdı bizi
        Araya girdi düşman
        Dağlar ayırdı bizi

Gün kavuştu ırakta
Gözüm karada akta
Herkesin yâri geldi
Benim yârim uzakta

Ekim ektim düzlere
Diken oldum gözlere
İşte ben gider oldum
Ayaş kalsın sizlere

      Toprağında taşında
      Benleri var kaşında
      Sen bahar içindesin
      Bense ömrüm kışında

Karşıdaki gök ekin
Aldırdım elimdekin
Her soran benzim sorar
Sormazlar kalbimdekin

      Su içtim kana kana
      Sular akar ne yana
      Yüzün bir gün görmedim
      Bilmem gidem ne yana

Kara tavuk olmadın mı
Dallara konmadın mı
Şebek yüzlü kaynanam
Sen gelin olmadın mı

      Merdiven indirdiler
      Saltana bindirdiler
      Kızım seni kahır eline gönderdiler
      Ağlar silinir, silinir ağlar

Merdivenin altı kuyu
Kulaçladım altı suyu
Kız ananın eski huyu
Ağlar silinir, silinir ağlar

Odlarda yeri kalan
Mencilis'te yeri kalan
Sofralarda eli kalan
Ağlar silinir, silinir ağlar

        Atladı gitti eşiği
        Sofrada kaldı kaşığı
        Kız ananın âşığı
        Ağlar silinir, silinir ağlar

Gelin geldi evimize
Şenlik kuruldu köyümüze
Hoş geldin allı gelin
Sefa geldin pullu gelin

        Eğer gelinim iyi olursan
        Biz de seni överiz
        Kötü olursam gelinim
        Hepimiz de döveriz

Eğer gelinim iyi olursan
İşte dip bacak
Kötü olursan gelinim
Baltaynan nacak

        Ne uyursun ne uyursun
        Bu uykudan ne bulursun
        Al abdesti kıl namazı
        Cenneti âlâyı bulursun

Halayıklar halayıklar
Ocak başında uyuklar
Davulumun sesini duyunca
Pirincin daşını ayıklar

Vanlıdır dedikleri
Cılbırdır yedikleri
Çok hoşuma gidiyor
Toprağ basan dedikleri

    Van yolu incedir
    Ne karanlık gecedir
    Kuşlar kurbanız olam
    Teyzemin hâli nicedir

Elma aldım Van'dan
Severim seni candan
Bir mektup yazdım
Elimden akan kandan

    Sen benim için havasın
    Her derdime devasın
    Dert kapıdan girince
    Sen pencereden kovasın

Davulumun ipi kaytan
Kalmadı sırtıma mintan
Verin ağalar bahşişim
Alayım sırtıma mintan

    Duvarda makas asulu
    Elbiseler kesülü
    Bana mâni sorarsan
    Kirli çuval basulu

Çay aşağu giderim
Topal koyun güderim
Eğer anam vermezse
Bohçamı alur giderim

Mavi boyarlar mola
Sevsem duyarlar mola
İkimiz de bir boyda
Nikâh kıyarlar mola

    Harmanlarda ot bitti
    Koyun yayulsun diye
    Hatıp kekül sallamış
    Muhtar bayulsun diye

Üzüm goydum sepete
Yâr oturur tepede
Ben bir yeni yâr sevdum
Şan olsun memlekete

    Altınım var boynumda
    İki ellerim koynumda
    Ela gözlü sevduğum
    Gece gündüz aynımda

Altını bozdurayım
Sıraya dizdireyim
Elma armut değülsün
Cebimde gezdireyim

    Yaylanın çimenini
    Hep toplamış geyikler
    Sevdalunun işine
    Ne garuşur böyükler

Gayalardan ot biter
Guzular yayulsun diye
Gızlar kekül sallar
Oğlanlar bayulsun diye

Yayladan mı geliyon
Sırtındaki yayuk mu
Ben sağa ayakkabı verdüm
Ayağundaki çaruk mu

        Ambar altunda cecük
        Bacakları küçücük
        Benüm sevduğum oğlan
        Dünyalarda biricük

Mâni burda canlansın
Maksat düzen sağlansın
Muri ilen Greatwhite
Bize masal anlatsın

        Şiire olmam mâni
        Gözümün nuru mâni
        Ceneyhe bize katıl
        Dizelim sana mâni

Âşık murruti nedir hâlın
Anzerden faydalı balın
Gerçek arı değilsin
Muhabbetindir balın

        Duri sana sözüm var
        Başlık başlık üstüne
        Dizeleri yapıştır
        Boşluk boşluk üstüne

Sıra sıra dikenler
Beyaz gömlek dikenler
Bakışından bellidir
Gizli sevda çekenler

Ay doğar aydın aydın
Beni akşam bulaydın
A benim ala gözlüm
Bizim için yol aydın

      Kargalar alaylandı
      Sahanlar kalaylandı
      A benim nazlı yârim
      Evlenmek kolaylandı

Ayağında kundura
Yâr gelir dura dura
A benim nazlı yârim
Geçerken bize uğra

      Bağa girdim üzüme
      Yâr göründü gözüme
      A benim nazlı yârim
      Gücendin mi sözüme

Mor entarin arkanda
İki elim yakanda
Acep iflah olur mu
Beni böyle yakan da

      Denizin ortasında
      Bacaya bak bacaya
      Acep kızlar der n'ola
      Biz de varsak kocaya

Dişleri var kar gibi
Dudakları nar gibi
Acep kimin yâri var
Gönlümdeki yâr gibi

Arpa ektim güz iken
Toprağı kar buz iken
Acep derdim var mıydı
Yâr oğlan ben kız iken

        Yeldir nefesi gelmez
        Kimi kimsesi gelmez
        Acep Ferhat öldü mü
        Külüngün sesi gelmez

Köprü altında diken
Tüken ömrüm tüken
Acep gün görür mü ki
Kızan üstüne gülen

        Elim ince daldadır
        Gözüm ırak yoldadır
        Acep yârim der n'ola
        Sevdiğim ne hâldadır

Kemençemin telleri
Bağırsaktır bağırsak
Acep yârim duyar mı
Buralardan çağırsak

        Karpuz kestim nar gibi
        Kızın gönlü var gibi
        Açtı baktım yorganı
        Taze yağmış kar gibi

Bahçeye attım narı
Narın kabuğu sarı
Adam hiç terk eder mi
İlkin sevdiği yâri

Dağların başı kardır
Gamlı yüreğim dardır
Adam dertsiz olur mu
Herkesin derdi vardır

        Pencerede perde ben
        Yeni düştüm derde ben
        Açmamış gonca gülüm
        Ne çürüyem yerde ben

Bahçelerde gül titrer
Dalında bülbül titrer
Açma güzel gerdanın
Göz görür gönül titrer

        Ay ışıktır varamam
        Halka aşikar olamam
        Ay buluta girince
        Bağlasalar duramam

Sular ince akar mı
Kenarını yıkar mı
Ay gibi yâri olan
Hiç yıldıza bakar mı

        Elindeki meşale
        Yârim olur inşallah
        Ay ile gün kavuşmaz
        Kavuşuruz inşallah

Ekme bitmedik yere
Gelme gitmedik yere
Ayağım nasıl gitsin
Gözüm tutmadık yere

Evleri uçta yârim
Ver bana müjde yârim
Ayak bastığın yere
Ederim secde yârim

        Köçekçe bir hoş oyun
        Serpilmiş bosun boyun
        Ayak bastığın yeri
        Gel öpem yüzükoyun

Kara bağda talan var
Zülfün yüze salan var
Ayak götür tezce gel
Gözü yolda kalan var

        Ayancık'ın çamuru
        Gün görmeden yarılar
        Ayancık'ın kızları
        Jandarmaya sarılır

Mektup yazdım aralı
Zarfın üstü karalı
Ayda bir mektup gönder
Ben senden de yaralı

        A benim bahtı yârim
        Gönlümün tahtı yârim
        Ayın on dördü gibi
        Karşıma çıktı yârim

Mavi hotoz başında
Kalem oynar kaşında
Ayıplaman a dostlar
Henüz on dört yaşında

Sarı kadife eni
Sararttın yârim beni
Aylar döner yıl döner
Dilber severim seni

      Samanlık dolu saman
      Aman Fadime'm aman
      Aylar yıllar geçiyor
      Sarılmamız ne zaman

Ayna ayna ellere
Ayna düştü göllere
Ayna kurban olayım
Seni tutan ellere

      Dağlarda lale biter
      Gül biter lale biter
      Ayrılık bilmez idim
      Bu dert ölümden beter

Efem bana fes gönder
Ham gönderme has gönder
Ayrılık çoğa vardı
Perçeminden kes gönder

      Arpalar biçer oldu
      Günümüz geçer oldu
      Ayrılık gele gele
      Bugünü seçer oldu

Kaşların yaydır bana
Gözlerin aydır bana
Ben ölsem canım kurban
Sen ölsen vaydır bana

Hey dağlar taşlı dağlar
Çiçekli kuşlu dağlar
Sen de yardan m'ayrıldın
Gözlerin yaşlı dağlar

        Parmağında mühürü
        Bana eder kahırı
        Sen doldur ben içeyim
        Elindeki zehiri

Kızın adı Mualla
Dua eder Allah'a
Sen dua et ben amin
Kavuşuruz billaha

        Amasya'nın elması
        Elmaların en hası
        Sen dururken neyleyim
        Pırlantayı elması

Daldan sevdiğim daldan
Çok geçme bizim yoldan
Sen edalı en yangın
Baban bilmiyor hâldan

        Bahçelerde domates
        Koparmayın kızarsın
        Sen ellere bakıyon
        Ben bakarsam kızarsın

Kayalar bitişiyor
Bülbüller ötüşüyor
Sen gelince aklıma
Ciğerim tutuşuyor

Pınara konmuş olam
Elleri yunmuş olam
Sen gelir ben almazsam
Dinimden dönmüş olam

      Kiremit de kiremit
      Bir şeftali ikram et
      Sen gelir ben almazsam
      İnkisarı öyle et

Kelkit'e düştü yolum
Kemende düştü kolum
Sen gelmezsen mektup yaz
Perişan oldu hâlim

      Deniz dibi tekneli
      İçine gül ekmeli
      Sen gibi arsız yari
      Hem öpüp hem kuçmalı

Kahve olup kavrulmam
Biber olup savrulmam
Sen gibi sevgilimden
Ölsem gene ayrılmam

      Kara at nalı neyler
      Kara kaş tahtı neyler
      Sen gibi yâri olan
      Devleti malı neyler

Keten gömlek bulmadım
Kıymetini bilmedim
Sen gideli gurbete
Hiç haberin almadım

Perçemi festen çıkar
Terlemiş fistan çıkar
Sen gideli yastayım
Gel beni yastan çıkar

        Bizim köyün yolları
        Sıra sıra zambaklar
        Sen gidince buradan
        Zindan oldu sokaklar

Allıdır yemenisi
Sevmezdim evvelisi
Şeytan girdi kalbime
Şimdi oldum delisi

        Ayağında çoraplar
        Deve yünüdür deve
        Şeytan söylüyor bana
        Uy peşime git eve

Üçünde dördündeyim
Yârimin ardındayım
Sen işin alayında
Ben gönül derdindeyim

        Oğlanın adı Yılmaz
        Olmaz sevdiğim olmaz
        Sen kaçalım diyorsun
        Bize nikâh kıyılmaz

Kar yağar lapa lapa
Gözünü iyi kapa
Sen kaçıp da bana gel
Düşman otursun şapa

Değirmen üstü çiçek
Orak getirin biçek
Sen kâkül koy ben perçem
İkimiz de vazgeçek

        Ben inciyim ez beni
        Altın tasta süz beni
        Sen kalem ol ben divit
        Ak gerdana yaz beni

Seherde durdum durdum
Şeker kervanın vurdum
Şeker zehrim olaydı
Yâr göçmüş yurdun gördüm

        Dut ağacı budarım
        Sen çiğne ben yutarım
        Sen kuzu ol ben çoban
        Ölene dek güderim

Eski ayva yeni nar
Neden küstün bana yâr
Sen küsersen ben küsmem
Senden başka kimim var

        Sarı çitin pakçası
        Ucunda var akçası
        Sen mi bana laf attın
        Papucumun ökçesi

Yürüdüm dağa taşa
Doğru söz gider hoşa
Sen nafile üzülme
Yazılan gelir başa

Kaça aldın sevdiğim
Belindeki kuşağı
Sen nasıl kıracaksın
Bu cilveli uşağı

        Kapımızın önüne
        Soğan ekerim soğan
        Sen ne güzel kız aldın
        Kapacak onu doğan

Çam ağacı zift getir
Canım muhtar gel otur
Sen neyin muhtarısın
İşimi yola getir

        Gökten turna iner mi
        Gözyaşları diner mi
        Şeker şerbeti içsem
        Acep yürek söner mi

Sobanın demirine
Üstünde kömürüne
Sen o kızı alırsan
Yanarım ömürüne

        Kayaların yılanı
        Gel dolanı dolanı
        Sen olsan sevmez misin
        Ayağına geleni

Araplar fasıl oldu
Muratlar hasıl oldu
Sen orada ben burda
Acep bu nasıl oldu

Dağ ayrı duman ayrı
Kaş ayrı hemen ayrı
Sen orada ben burada
Beden ayrı can ayrı

        Su gelir ark uyanır
        Dağlar yeşil boyanır
        Sen orada ben burda
        Buna can mı dayanır

Sabah oldu ışıyor
Bülbüller çığrışıyor
Sen orada ben burda
Cümle âlem şaşıyor

        Dut altında hasırım
        Nedir bu benim kusurum
        Sen orada ben burda
        Eli bağlı esirim

Yamandır yaman yârim
Derdime derman yârim
Sen orada ben burda
Geçiyor zaman yârim

        Kavağımda gazelim
        Dünyalarda güzelim
        Sen orada ben burda
        Hep ayrı mı gezelim

Altın yüzlüğüm mühür
Ne bu çektiğim kahır
Sen orada ben burda
İçtiğim sular zehir

Zeytin dalı pütürlü
Benim gömleğim kirli
Sen orada ben burda
İkimiz bir fikirli

        Attın peştemalim
        Kondu dallar üstüne
        Sen orada ben burda
        Kaldık yollar üstüne

Su diyor geleyim mi
Taş duvar deleyim mi
Sen orada ben burda
Hasretten öleyim mi

        Ateş koydum mangala
        Zülüf döndü çengele
        Sen orada ben burda
        Nasıl bende can kala

Sarı yazmalı gelin
Ciğer ezmeli gelin
Sen orada ben burda
Nasıl gezmeli gelin

        Bir dalda iki ceviz
        Aramız derya deniz
        Sen orada ben burda
        Ne bet kaldı ne beniz

Postadan mektup aldım
Üstüne bakakaldım
Sen orada ben burda
Ne kadar garip kaldım

Kapının aralığı
Aradan yer yağlığı
Sen orada ben burda
Nidem böyle sağlığı

      Sarı çiğdem ak çiğdem
      Dur da beraber gidem
      Sen orada ben burda
      Sabahı nasıl edem

Evleri ırak yârim
Yolları kurak yârim
Sen orada ben burda
Sabrederek durak yârim

      Uzak oldu yolumuz
      Müşkül oldu hâlimiz
      Sen orada ben burda
      Söyleşir hayalimiz

Gurbet benim durağım
Kesmez oldu orağım
Sen orada ben burda
Taş mı benim yüreğim

      Ufacık mis sabunu
      Oldum yârin zebunu
      Sen orada ben burda
      Yâr sen çek azabını

Ben âşıkım yaşından
Neler çektim kaşından
Sen pencereden çekil
Ben de köşe başından

Değirmen üstü çiçek
Orak getir gül biçek
Sen pınpıllı ben pürçek
Görek hangimiz gökçek

    Entari yolla dikeyim
    Sedef düğme takayım
    Sen salın git be yârim
    Ben ardından bakayım

Sigaramı yakayım
Karanfiller takayım
Sen salın git be yârim
Ben ardından bakayım

    Sigaramı yakayım
    Karanfiller takayım
    Sen salın git çarşıya
    Ben boyuna bakayım

Yaylanın yollarında
Hep ipekler toz olur
Sen salla mendilini
El sallasan söz olur

    Kale kaleye karşı
    Kaleden atma taşı
    Sen selvi gölgesinde
    Ben yandım güne karşı

Ak odada yatan yâr
Elin dalda tutan yâr
Sen sevdin sen terk ettin
Bir Allah'tan utan yâr

Pencereden taş gelir
Ala gözden yaş gelir
Sen söyle ben dinleyim
Sözün bana hoş gelir

        Gitme giden olayım
        Küsme kadan alayım
        Sen sözüne durarsan
        Uğrun sıra öleyim

Yeşil çimen pörsüme
Yağma yağmur üstüne
Sen sözüne sadık ol
Gül koklamam üstüne

        Kaşı karalı bülbül
        Başı bereli bülbül
        Sen şakı ben ağlayım
        Ciğer yaralı bülbül

Ev ardında aşlama
Aşlamayı taşlama
Sen türkü bilmiyorsun
Hiç yakamı boşlama

        Şu tepeyi aşalım
        Çiçekliğe düşelim
        Sen Ülker ol ben yıldız
        Yazıda buluşalım

Bakışın canlar yakar
Sevdan kalbime akar
Sen var iken sevdiğim
Güneşe kimler bakar

Hey Akdere akıyor
Dağı taşı yıkıyor
Sen varmazsan ben varam
Su topuğa çıkıyor

        Su başında oturma
        Elin suya batırma
        Sen vefasız bir yârsın
        Boşa ömrüm bitirme

Gülüm güle gidelim
Eylen bile gidelim
Sen yağmur ol ben güneş
Gel döküle gidelim

        Ben horozum öterim
        Sesi sese katarım
        Sen yatağında yatarken
        Ben de nöbet tutarım

Hey oğlan kara oğlan
Yüreği yara oğlan
Sen yârin yitirmişsin
Durmadan ara oğlan

        Başındadır beyazı
        Sen mi getirdin yazı
        Sen yat yorgan altında
        Ben yiyeyim ayazı

Yâr gelem mi gelem mi
Demir kapın delem mi
Sen yatak yorgandasın
Ben soğuktan ölem mi

Dere dibi meyvalık
Nedir bu kalabalık
Sen yolla bana kırep
Ben yollayayım yağlık

        Aman güzelin ağı
        Dolan geri dağı bağı
        Sencileyin ağ olan
        Yiye balı baymağı

Hey paralı paralı
Paraları turalı
Sencileyin görmedim
Bu diyarda duralı

        Bahçelerde gül gerek
        Güllere bülbül gerek
        Sencileyin güzele
        Bencileyin kul gerek

Maviye bürünmüşsün
Hurilere dönmüşsün
Sende başka koku var
Gökyüzünden inmişsin

        Çimenleri ezerim
        Hayalinle gezerim
        Sende bir hâldir var a
        Dur yakında sezerim

Yapraklar yeşil yeşil
Dalları ışıl ışıl
Sende bu akıl verken
Git arabaya koşul

Karşıma geç göreyim
Topludan gül dereyim
Sende dudak bende yüz
Sen iste ben vereyim

        Sarı gülüm serende
        İnsaf senin nerende
        Sende kabahat değil
        Sana gönül verende

Uzun boyda bu boyda
Bulunmuyor her köyde
Sende ne bu güzellik
Melek mi var sen soyda

        Kız nesin sen nesin sen
        Yakamda iğnesin sen
        Sende neler var neler
        Sanki hazinesin sen

Mihrimin mavi taşı
Güzeldir dağlar başı
Sendeki bu güzellik
Eritir dağı taşı

        Hasret bağrım yakıyor
        Ele seyrime bakıyor
        Senden ayrı düşeli
        Gözüm durmaz akıyor

Parmağımda mühür var
Yüreğimde kahır var
Senden ayrı düşeli
Yemeğimde zehir var

Masalarda mis koku
Al şu mektubu oku
Senden ayrı kalalı
Gözüme girmez uyku

      Iraktaki idare
      Ettin bana dü bâre
      Senden bana yâr olmaz
      Birkaç günlük idare

Altını sıra dizdim
Ben senden hile sezdim
Senden hile sezmezdim
Kötü dilinden bezdim

      Sabunu kuruturum
      Cebimde durdurturum
      Senden iyi bulunca
      Seni tez unuturum

Oğlan sen oylu musun
Minare boylu musun
Senden karanfil kokar
Karanfil soylu musun

      Ne bakarsın bacadan
      Gözleri alacadan
      Senden küçüğü gitti
      Sen korkarsın kocadan

Gel benim nazlı yârim
Sinemde gizli yârim
Senden nice ayrılam
Cevahir sözlü yârim

Gülüm kurutmam seni
Suda çürütmem seni
Senelerce görmesem
Gene unutmam seni

   Bahçelerde börülce
   Buyur bize gizlice
   Şeker ile beslerim
   Bize geldiğin gece

Tabakamda tütün yok
Akıl başta bütün yok
Seni alıp kaçardım
Bindirmeye atım yok

   Kız o senin kaşların
   Oynar omuz başların
   Seni alır giderim
   Darılır kardaşların

Kız Feride Feride
Niçin kaldın beride
Seni alır kaçardım
Askerlik var geride

   Asmalarda var koruk
   Bu gönlüm sana vuruk
   Seni alır kaçarım
   Ne durdun boynu buruk

Elimde el işim var
Göğsümde nakışım var
Şehirden elçin gelsin
Köylerde ne işim var

Gel sevdiğim seninle
İnelim şu dutluğa
Seni Allah yaratmış
Tam bana umutluğa

        Ak kesede parayım
        Seni kimden sorayım
        Seni bulayım desem
        Nerelerde arayım

Tatlıdır alabalık
Etrafım kalabalık
Seni candan sevdim ben
Düşmanlar oldu alık

        Bağ bozumunda yârim
        Artar benim efkarım
        Seni candan severim
        Saklı kalsın esrarım

Üzülme nazlı yârim
Gene ben geleceğim
Seni candan severim
Uğrunda öleceğim

        Günü güne eklerim
        Hayatımı denkledim
        Seni canım a yârim
        Kaç senecik bekledim

Ha buradan o yana
Yârimi bulur muyum
Seni gâvurun kızı
Bak daha gelir miyim

Omuzundan aşağı
Saçları yayım yayım
Seni gördüğüm yerde
Nasıl bayılmayayım

   Kuzu kuzulayanda
   Yaram sızılayanda
   Seni nerde göreyim
   Gönlüm arzulayanda

Tabancamı yağladım
Ciğerimi dağladım
Seni öptüğüm yere
Vardım vardım ağladım

   Canımı yakma sakın
   Ellere bakma sakın
   Seni pek sevdi gönlüm
   Beni bırakma sakın

Masa üstünde koku
Al bu mektubu oku
Seni sevdim seveli
Gözüme girmez uyku

   Yeşil yüzüğün yanı
   Gel yâr canımın canı
   Seni sevenler çoktur
   Candan seveni tanı

Altın tasta üzüm var
Benim sende gözüm var
Seni severim ama
Başkasına sözüm var

Yazmana pul dizersin
Beni niçin üzersin
Ben severim dersin
Oynaşırsın gezersin

        Şeker attım üzüme
        Uyku girmez gözüme
        Seni seviyom dedim
        Kız tükürdün yüzüme

Konsol üstünde pekmez
Muhabbet candan gitmez
Senin aldığın para
Benim süsüme yetmez

        Pembe güle benzersin
        Beni her dem üzersin
        Senin Allah'ın yok mu
        Neden böyle edersin

İnce beli büzdüren
Kaşı gözü süzdüren
Senin aşkın değil mi
Beni böyle gezdiren

        Pınar başında durma
        Pınarı bulandırma
        Senin bende meylin yok
        Gözlerin dolandırma

Kaşların eğri mâhtır
Seni sevmek günahtır
Senin bu çektiklerin
Benim ettiğim ahtır

Mekikleri elinde
Al kemerleri belinde
Senin bu güzelliğin
Cümle âlem dilinde

        Bellidir dağ adamı
        Semirtir yaz adamı
        Senin bu güzelliğin
        Çürütür çoğ adamı

Avlu dibinde çatuk
Kız kaşların pek çatık
Senin çatık kaşların
Yavan ekmeğe katık

        Ağaç yaştır bedenin
        Dalın niçin kurudu
        Senin de benim gibi
        Yüreğin mi çürüdü

Kız orda ne durursun
Orası mera mıdır
Senin de benim gibi
Yüreğin yara mıdır

        Atıma atlarım da
        Hendekten atlatırım
        Senin gibi aptalı
        Türküden patlatırım

Kalelerden bakarım
Yılan olur akarım
Senin gibi beyleri
Parmağıma takarım

Bir yürek iki yürek
Biber havanda gerek
Senin gibi yiğide
Benim gibi kız gerek

      Leyla gider işine
      Mecnun düşer peşine
      Senin gibi güzelin
      Kim yanmaz ateşine

Hasır üstünde pire
Kalktı birden bire
Senin gibi kızlara
İpek mendil az bile

      Anası kiraz ister
      Kızı da biraz ister
      Şaştım kaldım aklımı
      Kiraz mı naz mı ister

Havuz etrafında nar
Suları gür gür akar
Senin gibi köpeği
Kim yitirir kim arar

      Mâniye baş ne desin
      Kaleme kaş ne desin
      Senin gibi obura
      Bir kazan aş ne desin

Kapıda ne durursun
Gözüne sürme korsun
Senin için çok koştum
Gözün dizine dursun

Taş köprüye dayandım
Bıçağıma güvendim
Senin için sevdiğim
Al kanlara boyandım

   Gökte parlar tek yıldız
   Saçların omuz omuz
   Şaşırdım ne diyeyim
   Ne dil kaldı ne ağız

Hey güneyler güneyler
Güneyde odun eyler
Senin orda durmağın
Beni burda kül eyler

   Gökte yıldız yüzdüren
   Kaştır gözü süzdüren
   Senin sevdan değil mi
   Beni candan bezdiren

Parmağımda tel yüzük
Sıkma parmağım nazik
Senin tatlı dillerin
Sokuyor beni borca

   Oğlanın adı Bekir
   Git de davarı getir
   Senin yâr bana dönmüş
   Umudun varsa çevir

İn dereye dereye
Patlıcan çubukları
Senin yârla benim yâr
Amca çocukları

Yârimin rengi uçuk
Boynunda mavi boncuk
Senin yüzünü okudum
Talihin iyice açık

      Tütünüm saçak yârim
      Sigaramı yak yârim
      Seninki sevda değil
      Biraz oyuncak yârim

Yol üstünde on para
Niye üzeri kara
Seninkisi dalgaysa
Benimki de numara

      İn dereye dereye
      Toplayayım taşları
      Seninkiyle benimki
      Sınıf arkadaşları

Ay doğdu gündüz oldu
Çayırlar dümdüz oldu
Seninle görüşünce
Bahar umudun güz oldu

      Derelere daldı yâr
      Sevda beni aldı yâr
      Seninle kavuşmamız
      Mahşere mi kaldı yâr

Baksana kuzucuğum
Ben fena mı diyorum
Seninle konuşurken
Sanki şeker yiyorum

Pınar başı bu mudur
Testi dolu su mudur
Seninle nazlı yârim
Son görüşme bu mudur

      Şekerim yüze aldım
      Şerbetim süze aldım
      Senle evlenmek için
      Her şeyi göze aldım

Huzuruna varayım
Diz çöküp yalvarayım
Sensin çalan gönlümü
Aç koynunu arayım

      Çaylarda semeğim yar
      Bilmezsin emeğim yar
      Sensiz içime sinmez
      Bir öğün yemeğim yar

Kışın karalar beni
Gamzen yaralar beni
Sensiz yatağa girsem
Yatak paralar beni

      Patlıcanı doğradım
      Yârimgile uğradım
      Serbest gezdiğim için
      İftiraya uğradım

Dut dalında kerkenez
Boynumuzda bir penez
Serbest gezen kızlara
Kimse bir şey diyemez

Ağladım gülemedim
Gözyaşım silemedim
Serçeler yuva yaptı
Serçe de olamadım

      Kayaların yılanı
      Gel dolanı dolanı
      Serdim kabaca döşek
      Yat beleni beleni

Karanfil oylum oylum
Geliyor selvi boylum
Selvi boylum gelende
Şen olur deli gönlüm

      Başında ince oya
      Cemali benzer aya
      Sevabı var bakmanın
      Güzele doya doya

Denizi dalan bilir
Gurbeti kalan bilir
Sevda ateşten gömlek
Giymeyen yalan bilir

      Mendilde kokum olur
      Sevdadan uykum olur
      Sevda başa gelince
      Atadan korkum olur

Iraktır o seçilmez
Sevdadır bu geçilmez
Sevda bir top ipektir
Dolaşmıştır açılmaz

Kalenin ardı bayır
Gülü dikenden ayır
Sevda çeken kulların
Kayır Allah'ım kayır

        Ateş yanar olur kor
        Düş görünce hayra yor
        Sevda çekmek nasılmış
        Sen onu çekene sor

Elmanın yarısıdır
Başımın ağrısıdır
Sevda deyip geçmeyin
Ölümün yarısıdır

        Sevda ettim ad ettim
        Almadım inat ettim
        Sevda edip de almak
        Değil benim âdetim

Karayım yâr karayım
Kaşım gözüm karayım
Sevda girmiş içime
Çıkmıyor çıkarayım

        Ocakta süt pişiyor
        Bülbüller ötüşüyor
        Sevda ne müşkül imiş
        Ciğerim tutuşuyor

İndim havuz başına
Bir kız çıktı karşıma
Sevda nedir bilmezdim
O da geldi başıma

Kadifesi kırmızı
Yüreğimde var sızı
Sevda nedir bilmezdim
Yeni sevdim bir kızı

      Âşıkım yaşım dinmez
      Gönülden gam silinmez
      Sevda öyle bir ok ki
      Nerden vurmuş bilinmez

Çubuğum kiraz dalı
Sevdalıyım sevdalı
Sevdama kurban olsun
Yalan dünyanın malı

      Kaşların kara imiş
      Gözlerin ela imiş
      Sevdanı bana verdin
      Çekmesi bela imiş

Sarı sümbül taç olur
Büklüm büklüm saç olur
Sevdanın bürümcüğü
Bir tele muhtaç olur

      Kara dutum altında
      Fındık bulalım yârim
      Sevdanın çoğu bende
      Ortak olalım yârim

İndim yamaçtan düze
Yüreğim üze üze
Sevdiceğim gel artık
Asker kalır mı güze

Bahçeye kuzu girdi
Bir değil yüzü girdi
Sevdiğim aramıza
Düşmanın sözü girdi

        Elbisesi yan yaka
        Bayıldım baka baka
        Şapkayı eller aldı
        İşte gitti fiyaka

Ağam kahve içmez mi
Ciğerciği pişmez mi
Sılada kuzusu var
Hiç aklına düşmez mi

        Garibim yoktur arkam
        Kanadım yoktur kalkam
        Sılam aklıma geldi
        Çıkam dağlara bakam

Dağ yolu kervan yolu
Ne uzun şu Van yolu
Sılaya izin olsa
Görür mü insan yolu

        Karşıdan gel göreyim
        El uzat gül vereyim
        Sınanmamış yiğide
        Nasıl meyil vereyim

Bir göz attım çimene
Yandım suda çimene
Sırma olsun sarılsam
Yârimin perçemine

Etek kısa gömlek dar
Taşmış beyaz omuzlar
Sıkılmayı sevmeden
Dar giymezdin bu kadar

        Kız mindere yayılır
        Onu gören bayılır
        Sırma saçın telleri
        Tane tane sayılır

Sırmaya bak sırmaya
Pos bıyıklar burmaya
Silahını kuşanmış
Gider düşman kırmaya

        Dağ başında kestane
        Dökülür tane tane
        Sineğe razı olman
        Kona yârin üstüne

Siverek'i överler
Yolda bulgur döverler
Siverekli yiğitler
Ölene dek severler

        Şu derenin alıçı
        Kınalı parmak ucu
        Sivri sivri külahlı
        Korkarım can alıcı

Gökte huri oturur
Su testisi götürür
Siz beni kayırmayın
Mevlam beni yetirir

Dudum karşına geldi
Aklım başıma geldi
Siz çekilin camiler
Kıblem karşıma geldi

        Şimdi bir moda çıktı
        Yakalara balina
        Sizde âdet değil mi
        Kız bekarın koluna

Yârim bir mâni demiş
İçinde beni demiş
Şapkamın tereğinde
Saklarım seni demiş

        Balıkesir dağından
        Aldım zeytinyağından
        Şaka maka severken
        Tuttu ciğer başından

Karanfil ektim düze
Bitmedi kaldı güze
Size nasıl geleyim
İftira hazır bize

        Belimi verdim duda
        Dut belimi berk tuta
        Sizi yazan katibim
        Başını sevdik tuta

Şirvan'ın şirin narı
Şirindir şirin narı
Sizinki sizin olsun
Gönderin bizim yâri

Bahçelerde labada
Oynayalım sofada
Sofa bize dar gelir
Yaptıralım bir oda

   Çıktım eşik üstüne
   Yâri görmek kastına
   Şam kılıcı kuşanmış
   Boz kaputun üstüne

Derelerden su akar
Bakışların can yakar
Sokağa çıktığında
Hovardalar yan bakar

   Askere gönderdiğim
   El edip dönderdiğim
   Sokaklar seni ister
   Tez gel gönül verdiğim

Akşam oldu ezan yok
Sokaklarda gezen yok
Sokakta geçen çok da
Yârime benzeyen yok

   Kavak uzanır gider
   Dalı bezenir gider
   Sokakta gezen kızlar
   Günah kazanır gider

Telefon direğine
Benim boyum ermiyor
Sokakta gezenlere
Anam beni vermiyor

Ayva sarı gül sarı
Güle konmuş bir arı
Sormak ayıp olmasın
Benziniz niçin sarı

        Yayla yolları taşlık
        Nerelisin kardeşlik
        Sormak ayıp olmasın
        Cebinde var mı harçlık

Oğlan doman kardır
Mevlam neler yaratır
Sormak ayıp olmasın
Memleketin neredir

        Çorapları Tire'den
        Su getirdim dereden
        Sormak ayıp olmasın
        Şu oğlanlar nereden

Taze kahve pişti mi
Soğudu yâr içti mi
Sormak ayıp olmasın
Yâr buradan geçti mi

        Gel derim gelmem dersin
        Gül derim gülmem dersin
        Sorsam gönlün bende mi
        Vallahi bilmem dersin

Gökte uçan kuş mudur
Kanadı gümüş müdür
Sorsan baksan dil yok
Yârimi görmüş müdür

Gökte yıldız ellidir
Ellisi de bellidir
Süt içtiyse kedinin
Bıyığından bellidir

   Saçım örük örüktür
   Al yanak gölgeliktir
   Silahın yuvası gibi
   Bağırım delik deliktir

Su akar ark uzunu
Nane bürür yüzünü
Sökül muhanet dağlar
Göreyim yâr yüzünü

   Sarı akşam güneşi
   Yoktur cihanda eşi
   Söndürür mü söyleyin
   Yâr yaktığı ateşi

Mâni mâniye peştir
Mâni bilmeyen hiçtir
Söyle arkadaş söyle
Gariplİğe yoldaştır

   Gemi geldi durdu mu
   İskeleye vurdu mu
   Söyle ey seher yeli
   Yâr hâlimi sordu mu

Ha buradan aşağı
Ha ben de geliyorum
Söyle kimin yârisin
Meraktan ölüyorum

Başında iyi yazma
Birini bağlayayım
Söyle kimin yârisin
Oturup ağalayayım

        Karanfilin dalına
        Ölüyorum yoluna
        Söyle oğluna komşu
        Alsın beni koluna

Çeşmeden gel çeşmeden
Çevren baştan düşmeden
Şöyle sallan şöyle gez
Gönlüm senden geçmeden

        Tren geldi durdu mu
        Dumanın savurdu mu
        Söylen seher yelleri
        Yâr hatırım sordu mu

Her nereye nereye
Davar indi dereye
Söyle sevdiğim söyle
Niçin geldin buraya

        Dümbelek çalamazsın
        Sen beni alamazsın
        Söyle yârim anana
        Bana laf yollamasın

Bugün hava yaz güzel
Mintanın beyaz güzel
Söylediğim mâniyi
Defterine yaz güzel

Bugün cumartesi
Sözlerine çok mersi
Söylediğin bu sözler
Hangi öğretmen dersi

      Limonu dilemedim
      Şekeri bölemedim
      Söylemez olsun dilim
      Yâre tez gel demedim

Yaylanın yollarında
Bir yeri yurdum vardır
Söylemezsin gülmezsin
Bilmem ne derdin vardır

      Kazdağı'na kaz yağmış
      Kaz değil ayaz yağmış
      Süleköy'ün içine
      Orta boylu kız yağmış

Karşıdan el edeni
Gönülden sevdim seni
Sözlerine inandım
Kâfir aldattın beni

      Su akar çağıl çağıl
      Koyunla dolu ağıl
      Sözlümden mektup geldi
      Dağıl dertlerim dağıl

Çıktım yüksek illere
Baktım uzak yollara
Su saldım çadır kurdum
Yârim gelen yollara

Turnam gökte uçuyor
Yârim benden kaçıyor
Su yolunda görünce
Ak gerdanın açıyor

   Çok ekin biçilir mi
   İyisi seçilir mi
   Sular minare boyu
   Köprüsüz geçilir mi

Şu dağlar eze dağlar
Yâr gele geze dağlar
Suları şırıl şırıl
Çiçeği meze dağlar

   Gül nerde gülşen nerde
   Gülen gülüşen nerde
   Sunam yalnız gezersin
   Yârin yok eşin nerde

Vay bana vaylar bana
Yıl oldu aylar bana
Susadım su isterim
Su vermez çaylar bana

   Ay doğar kamerinden
   İnce bel kemerinden
   Susamışım bir su ver
   Ak gerdan damarından

Küp içinde biberim
Horoz gibi öterim
Suya giden kızları
Şapur şupur öperim

Karşıda kaya dilber
Benzersin aya dilber
Suyu pınardan getir
Yorulma çaya dilber

Tarlalarda kevensin
Yol keveni ko yansın
Süleköy'den kız alan
Kesesine güvensin

Kızım kınan kutlu olsun
Burada dilin tatlı olsun
Çağırın gelsin kızın anasını
Kız gelin oldu görsün

Van'dan çıktım galaya
Baktım mavi deryaya
Men nereden düştüm
Böyle gara sevdaya

Baban çarşıya vardı mı
Alını yeşilini aldı mı
Şu da kızıma dedi mi
Haydi kızım kutlu olsun
Burada dilin tatlı olsun

Mercimek ektim bitti mi
Ankara yolunu tuttu mu
Durun bakın anasına
Kızını unuttu mu